44 GLÜCKS-BRINGER

CARIN REITERER   CARIN REITERER VERLAG

Bibliografische Information Der Deutschen Bibliothek

Die Deutsche Bibliothek verzeichnet diese Publikation
in der Deutschen Nationalbibliografie; detaillierte
bibliografische Daten sind im Internet über
http://dnb.ddb.de abrufbar.

Originalausgabe
Copyright ©2008 by Carin Reiterer
Umschlaggestaltung: Carin Reiterer
Satz: Carin Reiterer
Printed in Germany
ISBN 978-3-9811541-4-6
Herstellung: Books on Demand GmbH, Norderstedt

Die Weise der Liebe

Ich spiele für Dich
die Weise der Liebe
öffne Dein Herz
und höre ihr zu

Sie erklingt in unterschiedlicher Gestalt
ist ewig jung und doch schon alt
ist immer gleich und ständig neu
ist wankelmütig und auch treu

Sie geht nie ganz verloren
wird immer wieder neu geboren
ist mal leise und mal laut
klingt immer wieder so vertraut

Sie hat unendlich viel zu geben
begleitet zärtlich unser Leben
hat keinen Anfang und kein Ende
nimmt uns sanft in ihre Hände

Ich spiele für Dich
die Weise der Liebe
öffne Dein Herz
und höre mir zu

Morgensonne

Licht
fällt
auf
mein
Gesicht
Morgensonne
die
durch
die
Wolken
bricht

Himmelwärts

Meine
Gedanken
ziehen
himmelwärts
ich
schicke
Dir
unzählige
Sonnenstrahlen
in
Dein
Herz

Die Wege der Liebe

Die
Wege
der
Liebe
sind
verschlungen
und
unberechenbar
führen
über
Umwege
aber
immer
vom
Start
zum
Ziel

Unsere Wege der Liebe

Unsere
Wege
der
Liebe
sind
nicht
geradlinig
sondern
verschlungen
aber
immer
untrennbar
miteinander
verbunden

Der
Weg
meines
Herzens
führt
auf
direktem
Wege
zu
Deinem
Herzen

Der
Weg
Deines
Herzens
führt
auf
direktem
Wege
zu
meinem
Herzen

Der Weg unserer Herzen

Von
mir
zu
Dir
führt
der
Weg
unserer
Herzen

Von
Dir
zu
mir
führt
der
Weg
unserer
Herzen

Noch einmal?

Soll
ich
noch
einmal
probieren,
mich
an
Dich
zu
verlieren?

Soll
ich
noch
einmal
riskieren,
mich
in
Dir
zu
verlieren?

Diejenige welche

Ich
bin
diejenige
die
sich
Dir
schenkt
diejenige
die
immer
an
Dich
denkt

Niemandsland

Was	Wo
wäre	wäre
ich	ich
ohne	ohne
Dich?	Dich?
Ich	Ich
wäre	wäre
gefangen	verloren
im	im
Niemandsland...	Niemandsland...
Nimm	Gib
nur	mir
meine	Deine
Hand!	Hand!

Mit

meinen

Gefühlen

sitze

ich

zwischen

den

Stühlen

und

kann

mich

nicht

entscheiden

zwischen

Euch

beiden

Mit

meinen

Gefühlen

sitze

ich

zwischen

den

Stühlen

und

kann

mich

zwischen

Euch

beiden

nicht

entscheiden

Mein Herz 1

Mein Herz
hörst Du denn nicht
wie es mit seinen eigenen Worten zu Dir spricht
mein Herz

Mein Herz
es flüstert und schreit
es lacht und weint
mein Herz

Mein Herz
das Dir so vieles sagen will
wird manchmal auch ganz still
mein Herz

Mein Herz
hörst Du denn nicht
wie es ohne Worte zu Dir spricht
mein Herz

Mein Herz 2

Mein Herz
hörst Du denn nicht
was es Dir sagen will
mein Herz

Mal flüstert es Dir zu
mal schreit es Dich an
laut oder leise
aber immer auf seine Weise

Mal lacht es fröhlich
mal weint es bitterlich
leise oder laut
aber immer so vertraut

Mein Herz
hörst Du denn nicht
was es Dir sagen will
mein Herz

Zeitlos und bedingungslos

Mein
Gefühl
für
Dich

ist
zeitlos

so
bedingungslos

Leicht und schwer

Mein
Herz
gerade
noch
leicht
wird
schwer
bei
jeder
Trennung
von
Dir

Zurückgezogen

Wenn
ich
Dir
mein
Herz
öffne
ziehst
Du
Dich
zurück
von
mir

Nicht einen einzigen Schritt

Ich
muß
lernen
zu
akzeptieren
daß
Du
mir
nicht
einen
einzigen
Schritt
entgegenkommst

Liebesreise

Mein
Gefühl
für
Dich
ist
vereist
unser
Garten
der
Sehnsucht
verwaist
die
Liebe
verreist

Auf Eis

Dein
Herz
ist
verreist
bis
zur
Wiederkehr
liegt
mein
Gefühl
für
Dich
auf
Eis

Tragisch und unlogisch

Mein
Gefühl
für
Dich

ist
voller
Tragik

folgt
keiner
Logik

Veraltet und erkaltet (noch gestern)

Mein	Mein
Gefühl,	Herz
das	das
noch	noch
gestern	gestern
unsere	für
Liebe	Dich
trug?	schlug?
Veraltet!	Erkaltet!

Mein Herz 3

Mein Herz
hörst Du denn nicht
was es Dir verspricht
mein Herz

Es flüstert zu Dir
es schreit nach Dir
es lacht mit Dir
es weint mit Dir

Es ist auf seine Weise
laut oder leise
leise oder laut
aber immer so vertraut

Mein Herz
hörst Du denn nicht
was es Dir verspricht
mein Herz

Mein Herz 4

Mein Herz
hörst Du denn nicht
was es zu Dir spricht
mein Herz

Es flüstert und schreit
es lacht und weint
weil es sich so verhält
wie es ihm gerade gefällt

Es läßt sich nicht formen
es entspricht nicht allen Normen
es läßt Dich los und hält Dich fest
es nimmt Dir alles und gibt Dir den Rest

Mein Herz
hörst Du denn nicht
was es zu Dir spricht
mein Herz

Licht in der Dunkelheit

In
der
Dunkelheit
warst
Du
mein
Licht
bedenke
dies
bevor
mein
Herz
endgültig
zerbricht

Blatt im Wind

Du
bist
wie
ein
Blatt
im
Wind
das
man
nicht
greifen
kann

Verstehen

Ich
lasse
Dich
wieder
gehen
und
versuche
das
Schicksal
zu
verstehen

Ich
lasse
Dich
wieder
gehen
und
versuche
das
Leben
zu
verstehen

Wunde Punkte

Stück
für
Stück
findest
Du
meine
wunden
Punkte
bringst
sie
zur
Sprache
und
zerredest
sie

Belogen und betrogen

Worte	Worte
die	die
ich	Du
von	von
Dir	mir
hören	hören
möchte	möchtest
lege	lege
ich	ich
Dir	mir
in	in
Deinen	meinen
Mund	Mund
und	und
belüge	betrüge
uns	uns
beide	beide

Sich
selbst
betrügen
sich
selbst
belügen
sich
an
den
Rest
von
Liebe
klammern

Sich
selbst
betrügen
sich
selbst
belügen
und
über
den
Verlust
der
Liebe
jammern

Ausgetretene Pfade

Ich
verlasse
die
ausgetretenen
Pfade
unserer
Liebe
und
mache
mich
allein
auf
den
Weg
ohne
Dich

Ganz neu

Neue
Horizonte
entdecken
zu
neuen
Ufern
aufbrechen
versuch
nicht
mich
aufzuhalten

Mein Herz
hörst Du denn nicht
es schlägt nur für Dich
mein Herz

Mein Herz
das schmilzt und vereist
ist allein und verwaist
mein Herz

Mein Herz
das Dich so sehr vermißt
das Dich niemals vergißt
mein Herz

Mein Herz
hörst Du denn nicht
es schlägt nur für Dich
mein Herz

Mein Herz 6

Mein Herz
hörst Du denn nicht
wie es zu Dir spricht
mein Herz

Mein Herz
das Dich so sehr vermißt
daß es Dich niemals vergißt
mein Herz

Mein Herz
das Dich so sehr liebt
daß es Dir alles vergibt
mein Herz

Mein Herz
hörst Du denn nicht
wie es zu Dir spricht
mein Herz

Keine Antwort

Ich
möchte
den
Schmerz
vertreiben
Dir
keine
Antwort
schuldig
bleiben

Schuldig

Du
bleibst
mir
die
Antwort
schuldig
auf
all

meine
Fragen

was
soll
ich
dazu
noch
sagen

Sprachlos

Ich
bin
sprachlos
und
weiß
nicht
warum
irgend
etwas
an
Dir
macht
mich
stumm

Ungehört

Worte
die
ich
zu
Dir
sagen
möchte
bleiben
ungehört
bis
das
Schweigen
unsere
Liebe
zerstört

Schweigsam

Wo
ist
unser
Traum
nur
unser
Schweigen
füllt
den
Raum

Schweigen

Worte
sind
verstummt
und
es
gibt
nichts
mehr
zu
sagen

Wie
lange
kann
ich
dieses
Schweigen
zwischen
uns
noch
ertragen

Schweigend

Es
läuft
nicht
immer
alles
nach
Plan
schweigend
sehen
wir
uns
an

Verschwiegen

Ich
habe
es
Dir
bis
jetzt
verschwiegen
ich
kann
Dich
nicht
mehr
lieben

Getrennt oder zusammen

Wir leben
unser Leben
-getrennt...

Dabei
möchte ich
mit Dir
zusammensein!

Glücklich sein mit Dir

Etwas von Dir
bleibt noch hier...
Ich wollte
glücklich sein
mit Dir!

Etwas von mir
bleibt bei Dir...
Ich wollte
glücklich sein
mit Dir!

Sag, liebst Du das Meer?

Sag, liebst Du das Meer?

Das Meer ist so wie ich
es ist immer da für Dich
es kommt und geht
es fließt und steht
es ist glatt und kräuselt sich
die Wellen biegen und brechen sich
es ist so nah und doch entfernt es sich
aber ich bin immer da für Dich

Das Meer ist so wie ich
es ist immer da für Dich
es schenkt Leben
kann es jedoch auch wieder nehmen
es läßt sich mit Worten nicht beschreiben
treu wird es sich ewig bleiben
nur die Gezeiten ändern sich
doch ich bin immer da für Dich

Sag, liebst Du das Meer?